AF567258

Christopher Launert

Eisenach

Fotografien aus den 80er-Jahren

Wartberg Verlag

Bildnachweis
Stadtarchiv Eisenach, Lutz Mittelbach (S. 6 bis 8; S. 12 bis 16; S. 24; S. 39 bis 41; S. 54)

1. Auflage 2023

Layout und Satz: Christiane Zay, Passau
Druck und buchbinderische Verarbeitung: optimal media GmbH, Röbel

34281 Gudensberg-Gleichen, Im Wiesental 1
Telefon: (0 56 03) 930 50
www.wartberg-verlag.de
ISBN 978-3-8313-3352-3

Inhalt

AWE
VEB AUTOMOBILWERK EISENAC
AUTOMOBILWERK EISENACH
PARTEITAGSECHO DER AUTOMOBIL
20
DDR
LF 14-93

Vorwort

Nach dem Zweiten Weltkrieg befand sich Eisenach in einer neuen geopolitischen Situation. Lag die Stadt bisher im Zentrum Deutschlands, wurde sie mit der Teilung zu einer Grenzstadt. Die traditionellen wirtschaftlichen, sozialen und kulturellen Beziehungen zu Nord- und Osthessen brachen zum großen Teil ab.

Eisenach blieb bei alledem ein wichtiges Industriezentrum der DDR. Gerade der Automobilbau war eine wichtige Stütze der Region. Auch kulturell stand Eisenach oft im Mittelpunkt. Der Sommergewinn war eine weit über die Region bekannte Veranstaltung und Tourismusmagneten wie die Wartburg. Martin Luther und Johann Sebastian Bach ziehen alljährlich viele Besucher an.

Jedoch bröckelte die Fassade im Laufe der Jahre, sowohl wortwörtlich als auch symbolisch. Wie in vielen Städten der DDR fiel der Erhalt der historischen Häuser sehr schwer, sodass zahlreiche Gebäude in der Innenstadt aus dem Stadtbild verschwanden, was oftmals zu Unmut in der Bevölkerung führte. Zum Ausgleich entstanden riesige Wohngebiete aus einheitlichen Wohnblocks. Die Umweltbelastung durch die starke Industrialisierung machte sich ebenfalls bemerkbar und minderte die Lebensqualität deutlich.

Dieses Buch beschäftigt sich mit den 80er-Jahren, einer Zeit, die geprägt war vom zunehmenden Zerfall sowohl des Systems, als auch der Stadt selbst und dem Versuch der Eisenacher, das zu erhalten, was ihnen gehört.

Kommen Sie mit auf eine spannende Bilderreise durch das Eisenach kurz vor der Wende. Lassen Sie sich von den Motiven überraschen oder schwelgen Sie in Erinnerungen!

Christopher Launert

Das Stadtzentrum

Markt

Wie in den meisten Städten war und ist der historische Markt auch in Eisenach ein wichtiges Zentrum des Stadtgeschehens. Vor allem für öffentliche Veranstaltungen aller Art wurde die Fläche häufig genutzt.

Teilweise aus Ermangelung an Alternativen und der stetig steigenden Zahl von PKW im Stadtgebiet wurde der Platz jedoch auch als Parkplatz verwendet, wie dieses Bild von 1985 zeigt. Ab dem 17. Juli 1988 wurde das Parken auf dem Markt untersagt.

Georgenbrunnen

Der Georgenbrunnen vor dem Portal der namensverwandten Georgenkirche stand nicht immer an diesem Platz. Im Jahr 1938 wurde er auf Anweisung der Nationalsozialisten versetzt, um mehr Fläche für ihre Kundgebungen und Aufmärsche zu gewinnen. Das Foto stammt aus dem Jahr 1987.

Rathausgarten

Die große Baulücke neben dem historischen Rathaus entstand nicht freiwillig, sondern war das Resultat einer Luftmine, die am 9. Februar 1945 explodierte. Der Anbau des Rathauses musste abgerissen werden. Der Freiraum wurde zum Aufenthalts- und Veranstaltungsgelände umgestaltet, dem „Rathausgarten".

Eselsbrunnen

Zum Brunnenfest am 9. August 1986 erhielt die Stadt den von Günther Laufer gestalteten Eselsbrunnen, den man im Rathausgarten aufstellte. Der Brunnen erinnert an die Esel, die die Wartburg und ihre Bewohner versorgten, und entwickelte sich zu einem beliebten Treffpunkt, wie diese Aufnahme von 1988 zeigt.

Goetheviertel

Einen Vorgeschmack auf die Bebauungspläne nach sozialistischer Lesart bekamen die Eisenacher ab Mitte der 70er-Jahre, als die Häuser in der Gegend um den Jakobsplan den Plattenbauten weichen mussten. Das Wohngebiet ist den meisten Eisenachern als Goetheviertel bekannt. Dieses Bild der Sophienstraße aus dem Jahr 1985 verdeutlicht den Unterschied zwischen dem neuen und dem alten Stadtbild.

Linsenbrunnen

Mitten zwischen den Wohnblocks in der Jakobstraße befand sich der 1981 geschaffene Linsenbrunnen von Eberhard Reppold. Die Spitzen stellen drei Lichtstrahlen dar, die auf eine Linse treffen. Der Turm der Georgenkirche im Hintergrund dokumentiert, wie nah sich das Goetheviertel an der Altstadt bzw. dem Markt befindet. Das Foto entstand im Jahr 1987.

Abrissmaßnahmen in der Innenstadt

Die städtischen Bebauungspläne der 60er- und 70er-Jahre sahen vor, dass bestimmte Wohngebiete sich selbst überlassen wurden. Gründe waren vor allem der Mangel an Baumaterial und der fehlende politische Wille zur Erhaltung historischer Gebäude. Infolgedessen verfielen ganze Straßenzüge und am Ende blieb nur der Abriss. Ab 1987 fand dies im größeren Stil statt, wie hier in der Sophienstraße.

Alexanderstraße

Auch die historische Alexanderstraße blieb nicht vom Abriss verschont und bekam es 1988 mit den Baggern zu tun. Die Häuser waren zu diesem Zeitpunkt zwar kaum bewohnbar, doch den Eisenachern missfiel es sehr, dass ihre Altstadt mehr und mehr verschwand.

Henkelsgasse

Die historische Henkelsgasse nördlich des Stadtschlosses verschwand ebenfalls aus dem Stadtbild. 1988 wurden die Häuser entlang der Gasse, die die Alexanderstraße mit der Sophienstraße verbindet, vollständig abgerissen.

Da dort vorerst keine Mittel für Neubauten vorgesehen waren, verkam die frei gewordene Fläche zu „wilden Parkplätzen“. Die Aufnahme von 1989 zeigt dies.

Karlstraße

Während nur eine Straße weiter die Häuser zusammenfielen, blieb die Karlstraße größtenteils in einem ordentlichen Zustand. Allen Beteiligten lag die Erhaltung der Haupteinkaufstraße am Herzen, schon aus Gründen der allgemeinen Zufriedenheit. Dass die Karlstraße auch ein wichtiger Begegnungsort für die Menschen im Alltag war, lässt diese Aufnahme von 1985 erahnen.

Viele Geschäfte

Vor allem die Handelsorganisationen (HO) prägten das Bild der Karl- sowie der umliegenden Straßen. Neben diesen staatlich geführten Geschäften gab es aber auch noch zahlreiche Läden in privater Hand.

HO Spielwaren

Auch wenn das Sortiment oft begrenzt war, gab es für alle Belange des täglichen Lebens ein passendes Geschäft. Hier die HO Spielwaren am Karlsplatz im Jahr 1985.

Kaufhaus Magnet

Das Kaufhaus Magnet zwischen der Johannisstraße und dem Johannisplatz zählte zu den größten und traditionsreichsten Kaufhäusern der Stadt. Ursprünglich in Familienhand, wurde das Kaufhaus nach dem Zweiten Weltkrieg als Handelsorganisation weitergeführt. 1967 erfolgte die Neueröffnung als Kaufhaus Magnet.

Johannisplatz

Dass der Johannisplatz zu den historischen Märkten Eisenachs gehörte, ist auf diesem Bild von 1985 nicht mehr zu erkennen. Dafür wurde er jedoch sehr gerne als Parkplatz genutzt, um schnell in der Innenstadt zu sein. So wie der zentrale Markplatz auch.

Goldschmiedenstraße

In der Goldschmiedenstraße, parallel zur Karlstraße, findet man bautechnisch typischerweise Licht und Schatten. Neben dem sehr bekannten Kinderkaufhaus Steppke stand eine Bauruine, die allen Schaufensterguckern vermutlich keinen guten Eindruck vermittelte.

Hotel Zimmermann

Das Hotel Zimmermann (oder auch Tannhäuser) am Karlsplatz war ein Hotel mit langer Tradition und hohem Ansehen in der Bevölkerung. Als 1989 die Entscheidung zum Abriss das Gebäudes fiel, war der Unmut unter den Eisenachern deutlich zu spüren und die Empörung trieb so manchen Einwohner auf die Straße.

Die Stadtteile

Eisenach-Nord

Im Norden der Stadt entstand zwischen 1977 und 1983 ein Wohngebiet wie eine eigene Stadt. In nur wenigen Jahren wurden über 3700 Wohnungen für fast 12.000 Menschen gebaut. Das neue Quartier war eine Alternative zur immer schlechter werdenden Wohnsituation in der Innenstadt.

Gut versorgt

Das Wohngebiet, das auf dem Reißbrett entstand, wies eine enorm gute Versorgungssituation auf. Zahlreiche Parkplätze, mehrere Einkaufsmöglichkeiten, eine Zweigstelle der Bibliothek, ein Heizkraftwerk und medizinische Versorgung in Form von Pflegeheimen und einem Betreuungszentrum gehörten zur Infrastruktur in Eisenach-Nord.

Invesition in die Zukunft

Es gab drei Polytechnische Oberschulen, mehrere Kindergärten und Jugendclubs. Übrigens ist das Wohngebiet unter den Eisenachern aufgrund des historischen Flurnamens auch als „Kuhgehänge“ bekannt.

Ziegelei

Wegen des lehmhaltigen Bodens im Norden der Stadt gab es in Eisenach traditionell schon immer Lehmabbau und Ziegeleien. Im Laufe der Jahre spielte dieser Wirtschaftszweig jedoch zunehmend eine untergeordnete Rolle. Als sich das Stadtgebiet weiter Richtung Norden ausdehnte, führte nur noch die Ziegelei in der Mühlhäuser Straße die Tradition fort. Die Aufnahme stammt aus dem Jahr 1980.

Städtisches Krankenhaus

Nicht weit entfernt von der Ziegelei lag das Städtische Krankenhaus. Für eine Stadt dieser Größe besaß Eisenach eine umfassende medizinische Versorgung. So gab es neben dem Städtischen Krankenhaus das Christliche Krankenhaus in der Schillerstraße sowie die Polikliniken der verschiedenen Betriebe.

Das Thälmann-Viertel

In der Ernst-Thälmann-Straße entstand zwischen 1959 und 1963 das erste große Wohngebiet der Nachkriegszeit. Dabei wurden die ersten Großblocks der Stadt errichtet. Wie bei allen neuen Wohnvierteln der DDR-Zeit üblich, erhielt das Gebiet ein gewisses Maß an eigener Versorgung, sodass sich die neuen Wohnungen einiger Beliebtheit erfreuten.

Ernst-Thälmann-Denkmal

Man könnte meinen, dass für jedes künstlerische Objekt, das eingeweiht wurde, auch ein politisches seinen Weg in das Stadtbild fand. Nach vielen Jahren der Planung weihte man bei Feierlichkeiten am 6. Oktober 1986 zur Abendstunde das Ernst-Thälmann-Denkmal in der gleichnamigen Straße ein.

Weststadt

Die Siedlung Stedtfelder Straße zählte zu den ersten großen Wohnungsbauprojekten Eisenachs in der DDR-Zeit. Das Wohnviertel entstand zwischen 1969 und 1974 und wies u. a. mit eigener Schule und eigener Kaufhalle den typischen „Selbstversorgungscharakter" der neuen Wohnviertel auf. Auf dem Bild zu sehen ist der Kindergarten im Jahr 1980.

Katharinenstraße

Die Katharinenstraße verbindet das Stadtzentrum mit der Weststadt und ist vor allem durch die vielen schmalen Häuser alter Bauart bekannt, die man teilweise auf diesem Foto von 1985 erkennen kann. Leider konnten viele dieser Häuser nicht erhalten werden und sollten Ende der 80er-Jahre abgerissen werden, wozu es jedoch nicht mehr kam. Eine weitere Besonderheit war die große Anzahl an privaten Geschäften, die man hier finden konnte.

Westbahnhof

Der Westbahnhof prägte die Entwicklung der Weststadt erheblich. Er gewährleistete die Mobilität der Belegschaft der umliegenden Betriebe und die Bebauung der dortigen Wohngebiete. Nach der Teilung Deutschlands verlor der Bahnhof an Bedeutung und wurde zeitweise gar nicht mehr angesteuert. Mit der Eröffnung des Werkes „Am Gries" im Westen der Stadt verkehrten jedoch wieder regelmäßig Züge in diese Richtung.

Das Südviertel

Das wohl bekannteste Wohnviertel Eisenachs befindet sich im Süden der Stadt und kommt als große Villenkolonie daher. Die historischen und prunkvollen Häuser waren aus Mangel an Baumaterial, vor allem in den 80er-Jahren, kaum zu erhalten. Nur die Eigeninitiative der Anwohner verhinderte bei vielen dieser Häuser den Verfall.

Sitz der Stasi

In der Kurstraße, am Fuße der Wartburg, befindet sich die Villa des ehemaligen Verlegers Kühner. In den 80er-Jahren war das Gebäude dafür bekannt, dass darin die Dienststelle des Ministeriums für Staatssicherheit ihren Sitz hatte. Am 6. Dezember 1989 wurde das Haus von einigen wagemutigen Mitgliedern des Bürgerkomitees besetzt. Hierbei wurde so manch Anwesendem erst klar, welches Waffenarsenal in der Nachbarschaft schlummerte.

Denkmal der Arbeiterbewegung

Anlässlich des 100. Todestages von Karl Marx wurde in der Wartburgallee am 14. März 1983 das Denkmal zur Geschichte der Arbeiterbewegung eingeweiht. Der Standort in der Nähe der Gedenkstätte „Eisenacher Parteitag 1869" war natürlich naheliegend, doch dass man dieses Denkmal fast gegenüber des „Carl-Alexander-Denkmals" aufstellte, war wohl kein Zufall.

AWE-Pavillon

Der AWE-Pavillon in der Wartburgallee war als Museums- und Veranstaltungsgebäude konzipiert. In dem ungewöhnlichen Gebäude wurde ab 1967 die Geschichte des Automobilbaus in Eisenach präsentiert. Im Juni 2005 wurde das Museum unter dem Namen „automobile welt eisenach" neu eröffnet. Seitdem befindet es sich auf dem ehemaligen Werksgelände des AWE.

Von den ersten Wartburg-Motorwagen über Dixi und BMW bis zu den Wartburg-PKW – es wurden alle Modelle ausgestellt. Das Museum erfreute sich großer Beliebtheit und konnte 1982 über 2 Millionen Besucher vermelden.

Hotel Stadt Eisenach

In den 80er-Jahren war das Hotel „Stadt Eisenach“ sehr bekannt. Das Hotel verfügte über einen großen Saal und war jahrzehntelang Ort für unzählige Veranstaltungen aller Art. Hier zu sehen ist eine Stadtverordnetenversammlung vom 31. Mai 1989.

Der Fürstenhof, so der ursprüngliche Name, wurde 1902 eröffnet. In dieser Zeit versuchte Eisenach Kurstadt zu werden und der Fürstenhof sollte betuchten Gästen eine attraktive Unterkunft bieten.

Haus der Jungen Pioniere

Diese Villa an der Wartburgallee war das Haus der Jungen Pioniere. Seit 1958 fanden die Kinder in diesem Haus ein breites Angebot an Freizeitbeschäftigung und Arbeitsgemeinschaften.

Prinzenteich

Der Prinzenteich war seit seiner Anlegung im 19. Jahrhundert ein beliebtes Ausflugsziel der Eisenacher. Hier konnte man im Sommer entspannen, Eis essen oder auch Boot fahren, wie diese Aufnahme von 1989 zeigt. Im Winter bot sich oftmals die Gelegenheit zum Schlittschuhlaufen.

Betriebsferienheim Sophienaue

Weit hinten im Mariental befand sich das Betriebsferienheim „Sophienaue“. Das Gebäude wurde bereits 1871 errichtet und diente lange Zeit als Gasthaus für Wanderer und Touristen. Ab 1968 baute das AWE die Sophienaue für seine Zwecke um.

Gasthaus Phantasie

Gegenüber der „Sophienaue“ befand sich das Gasthaus „Phantasie“. Dessen Geschichte reicht bis in das Jahr 1831 zurück und ist von zahlreichen Besitzwechseln geprägt. Ein beliebter Veranstaltungsort war es aber die meiste Zeit. Ende der 80er-Jahre ging das Gebäude in den Besitz der VEB Petkus Wutha über. Das Foto entstand im Jahr 1985.

Eisenach-Ost

Wegen seiner Nähe zum Haupt- und zum Güterbahnhof entwickelte sich die Eisenacher Oststadt zu einem stark industriell geprägten Viertel. Zahlreiche Unternehmen (wie z. B. der VEB Elektrotechnik Eisenach in der Altstadtstraße) siedelten sich an und die Straßenzüge sind vor allem von den typischen Arbeiterhäusern des frühen 20. Jahrhunderts geprägt.

Der Schlachthof

Der Eisenacher Schlachthof in der Langensalzaer Straße wurde am 15. Juni 1892 eröffnet. Der Schlachthof und die Stadtschlachterei gingen 1920 in städtischen Besitz über. In den folgenden Jahrzehnten wurde der Betrieb weiter ausgebaut und war ein zentraler Punkt für die regionale Lebensmittelversorgung. 1975 wurde der Schlachthof in einen VEB Fleisch- und Wurstwarenfabrik Eisenach, Betrieb des VEB Fleischkombinat Erfurt, umgewandelt.

Wohngebiet Petersberg

Am Petersberg entstand zwischen 1976 und 1978 ein weiteres eher kleines Neubaugebiet. Insgesamt 460 Wohnungen wurden in der August-Rudloff-Straße erbaut, die wegen ihrer Modernität und der attraktiven Lage sehr begehrt waren.

VEB Spezima

Am Eichrodter Weg, einer Straße, die parallel zu den Bahngleisen verläuft, siedelten sich viele Betriebe an. Einer der bekanntesten war die Maschinenfabrik Wallmeyer, die später als VEB Spezima (Spezialmaschinen) weitergeführt wurde. Hier entstanden Maschinen aller Art. Auf diesem Foto von 1988 bekommen wir einen Eindruck von der Handarbeit, die notwendig war.

Gedenkstein August Rudloff

Namensgeber für die Straße bzw. das Wohngebiet war der kommunistische Kommunalpolitiker August Rudloff, der vor allem in den turbulenten Zeiten der Weimarer Republik wirkte und während des Zweiten Weltkriegs in Buchenwald inhaftiert war. 1984 wurde im Wohngebiet ein Gedenkstein zu seinen Ehren errichtet.

Kultur und Tourismus

Sommergewinn

Der Sommergewinn gehört zu den größten Frühlingsfesten Deutschlands und ist neben der Wartburg das wichtigste Aushängeschild Eisenachs. Zu DDR-Zeiten zog das Fest jährlich Zehntausende Besucher an. Hier ist der Umzug aus dem Jahr 1981 zu sehen.

Festumzug

Jeder Festumzug steht unter einem gewissen Motto. Im Jahr 1987 war dies die „Entwicklung des Transportwesens“. Viele aufwendige Festwagen, wie beispielsweise der abgebildete mit einer echten Lokomotive, versetzten die Schaulustigen ins Staunen.

Denkmal Sommergewinn

Am 23. März 1985 wurde dem Sommergewinn ein eigenes Denkmal gesetzt. Geschaffen von Günther Laufer, stellt es die drei Symbole des Sommergewinns dar: das Ei, die Brezel und den Hahn. Das Denkmal steht vor dem Hellgrevenhof.

Die Wandelhalle

Die Wandelhalle, 1906 eröffnet, erinnert an Eisenachs Ambitionen, Kurstadt zu werden. Hier sollten eigentlich die Kurgäste umherspazieren und das heilende Wasser aus dem Brunnen trinken. Da der Kurbetrieb sehr zeitig wieder eingestellt wurde, nutzte man die Wandelhalle vor allem für Veranstaltungen. Hier eine Tanzeinlage zum 3. Tag der sozialistischen Kultur 1981.

Das Lutherhaus

Eisenach und Martin Luther verbindet eine lange gemeinsame Geschichte. Daher gehört das Lutherhaus, in dem der zukünftige Reformator als Schüler bei der Familie Cotta gewohnt haben soll, zu den touristischen Attraktionen der Stadt und wird seit 1956 als Museum genutzt.

Stadtbibliothek

Auf dem Johannisplatz befand sich in einem ehemaligen Bankgebäude die Stadtbibliothek von Eisenach. Auch wenn sie nicht die einzige Bibliothek der Stadt war, konnte sie zumindest diesen eindrucksvollen Bau ihr eigen nennen, wie uns das Bild von 1986 beweist.

Die Wartburg

Das Wahrzeichen der Stadt zählte auch in den 80er-Jahren zu den größten Besuchermagneten der Region und konnte jährlich mehrere Hunderttausend Besucher verbuchen. Die Erhaltung der Wartburg war ein Thema, das von vielen Höhen und Tiefen geprägt war. Die Aufnahme stammt aus dem Jahr 1985.

Die Eisenacher Industrie

AWE

Der Automobilbau in Eisenach begann im Jahr 1896. Kein Betrieb prägte das Leben der Eisenacher in der DDR-Zeit so sehr wie das Automobilwerk Eisenach (AWE). Viele Tausend Beschäftigte sorgten tagtäglich dafür, dass die individuelle Mobilität für viele Menschen kein Traum blieb und es ein wenig mehr Vielfalt auf den Straßen der DDR gab. Das Automobilwerk in seiner Gesamtheit glich einer eigenen Stadt innerhalb der Stadt und Schichtwechsel, wie auf dieser Aufnahme, ähnelten Völkerwanderungen.

Wartburg

Über 20 Jahre lang produzierte das AWE vor allem den Wartburg 353, der zu den meistgebauten PKW der DDR-Zeit gehörte. Mehr als 1,2 Millionen Fahrzeuge dieses Typs liefen in Eisenach vom Band. 1988 trat der Wartburg 1.3 dessen Nachfolge an, der auf diesem Bild von 1989 zu sehen ist. Es sollte das letzte neue Wartburg-Modell bleiben.

Vertragsarbeiter

Vertragsarbeiter waren im Automobilwerk kein seltener Anblick. Seit 1980 kamen, meist im Rahmen der „sozialistischen Bruderhilfe“, vor allem Kubaner im AWE zum Einsatz. Ab 1988 arbeiteten Mosambikaner im Automobilbau, wie das Foto aus demselben Jahr zeigt.

Poliklinik AWE

Die größeren Betriebe der DDR erreichten oftmals eine beeindruckende Autonomie. Neben Betriebskindergärten, in denen die Kinder der Mitarbeiter tagsüber betreut wurden, gab es bspw. Einkaufsläden oder Bibliotheken speziell für die Belegschaft. Medizinische Versorgung in Polikliniken gehörte ebenfalls dazu. Die Poliklinik des AWE lag an der Rennbahn.

Neues Presswerk

Die Lage des Automobilwerks zwischen Bahndamm und der Hörsel macht die Erweiterung des Betriebs fast unmöglich. Der Bedarf an Automobilen aber wuchs, das Werk musste vergrößert werden. 1984 wurde „Am Gries" in Eisenach-West ein neues Presswerk eingeweiht. Zwar konnte die Produktion nun erhöht werden, doch die Logistik war zunehmend schwierig.

Kammgarnspinnerei

Die Anfänge der Eisenacher Kammgarnspinnerei reichen bis in das 18. Jahrhundert zurück. Ursprünglich außerhalb der Stadtmauer, westlich von Eisenach am Mühlgraben errichtet, konnte auch dieses Werk kaum erweitert werden, als das Stadtgebiet sich weiter ausdehnte. Dennoch wurde der Betrieb über lange Zeit und trotz vieler Besitzerwechsel aufrechterhalten. In den 80er-Jahren arbeiteten viele Hundert Mitarbeiter in diesem Traditionsunternehmen.

Brauwesen

Das Brauwesen im alten Eisenach war sehr fragmentiert und setzte sich aus vielen kleineren Brauereien zusammen. Die Aktienbrauerei beendete diese Phase spätestens 1918 mit der Übernahme der Vereinigten Eisenacher Brauereien. Der VEB Brauerei Eisenach setzte die Tradition fort, ging allerdings 1969 in das Getränkekombinat Erfurt über.

VEB FER

Das VEB-Kombinat Fahrzeugelektrik FER wurde 1968 gegründet und war mit über 11.000 Mitarbeitern einer der größten Arbeitgeber in der Region. Nicht nur der Verwaltungssitz des Kombinats befand sich in Eisenach, sondern bspw. auch Fertigungsgebäude, wie dieses in der Oppenheimstraße. Die Aufnahme stammt von 1983.

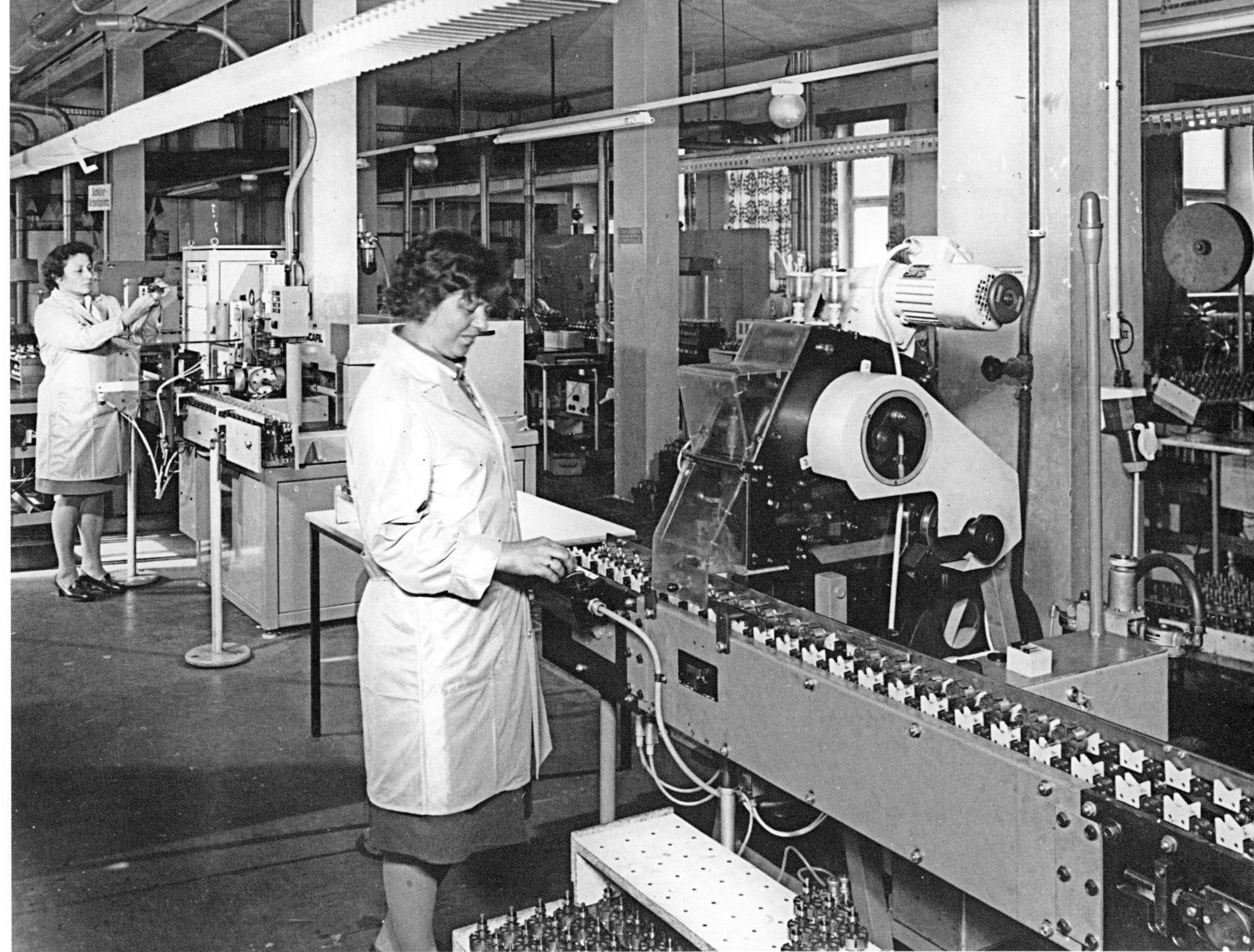

Produktion

Die zahlreichen Produkte des Unternehmens hatten in dem Automobilwerk vor Ort einen großen Abnehmer, was für die Aufrechterhaltung der Produktivität enorm wichtig war. Aber auch über die Landesgrenzen hinaus wurden verschiedene Erzeugnisse verkauft. Dass Frauen in der Produktion ein alltäglicher Anblick waren, beweist dieses Bild von 1983.

Kinderkombinat

Allein wegen der schieren Größe des Betriebes unterhielt auch das FER verschiedene Einrichtungen zur Versorgung der Belegschaft. Am Amrichen Rasen entstand bspw. ein Kinderkombinat, wie auf diesem Foto von 1980 zu sehen ist.

Rechenzentrum

Die hohe Zahl an Mitarbeitern im AWE und im FER steigerte den bürokratischen Aufwand der jeweiligen Verwaltungen exponentiell. Beide Betriebe einigten sich daher zukunftsorientiert auf den gemeinsamen Betrieb eines Rechenzentrums, das 1971 in der Karl-Marx-Straße neben der SED-Kreisleitung eröffnet wurde. Die Aufnahme stammt aus dem Jahr 1980.

Sport und Freizeit

Wartburgstadion

Das Wartburgstadion war die größte Sportstätte Eisenachs. Ursprünglich als Fußball- und Leichtathletikstadion 1955 eröffnet, fanden im Laufe der Zeit zahlreiche Sportveranstaltungen statt. Manche dieser Veranstaltungen kamen auf fast 10.000 Zuschauer. Kaum zu glauben, wenn man sich das Bild von 1984 ansieht.

Sporthalle an der Katzenaue

Der Handballsport, der sich in Eisenach traditionell großer Beliebtheit erfreute, änderte sich – vor allem in den 70er-Jahren. Der ursprüngliche Feldhandball wich dem Hallenhandball, für den man eine Spielstätte brauchte. Ende der 70er-Jahre begann man daher mit dem Bau einer passenden Sporthalle an der Katzenaue, wie diese Aufnahme um 1980 zeigt.

Nach Abschluss aller Bauarbeiten konnte die Halle 1984 den Sportvereinen übergeben werden. Die Halle brachte es auf 1300 Zuschauerplätze und verfügte neben der Spielfläche über einen Gymnastiksaal, Krafträume sowie Räume für einen sportmedizinischen Dienst.

Schwimmbad

Der Besuch des Schwimmbades an der Katzenaue war für viele Eisenacher eine beliebte Freizeitbeschäftigung. Das Bad wurde 1934 eröffnet und 1977 mit einer Schwimmhalle erweitert. An besonders heißen Sommertagen kamen bis zu 4 000 Besucher.

Haus der Nationalen Front

Ein Teil der Freizeit vieler DDR-Bürger war durchaus politisch geprägt. Das Haus der Nationalen Front in der Bahnhofstraße bot ein breites Spektrum an Aktivitäten, war aber den ideologischen Massenorganisationen vorbehalten.

Jugendklub Sonne

Der Jugendklub Sonne in der Georgenstraße wurde vom AWE unterhalten und gehörte zu den beliebtesten Treffpunkten der jungen Bevölkerung.

Klub Dr. Theodor Neubauer

In der Ernst-Thälmann-Straße befand sich der Klub Dr. Theodor Neubauer, der von dem gleichnamigen Grenzregiment geführt wurde.

Capitol

Auch der Besuch von Kinos (oder Lichtspieltheatern) war in den 80er-Jahren eine beliebte Freizeitbeschäftigung, vor allem da Fernsehgeräte nicht in jedem Haushalt zu finden waren. Eisenach besaß mehrere größere und kleine Kinos, von denen jedoch nicht viele die Zeit überdauerten. Das 1930 gegründete „Capitol" gehörte aber dazu. Diese Aufnahme von 1985 zeigt den Durchgang von der Karlstraße aus.

Titania

Gerade einmal 250 Meter entfernt befand sich in der Georgenstraße das zweite große Kino von Eisenach, das „Titania". Mit seiner Eröffnung im Jahr 1914 zählte es zu den ältesten Eisenacher Kinos. Bis zur Enteignung 1948 gehörte außerdem noch das Kino „Schauburg" in der benachbarten Alexanderstraße zum Titania.

Ereignisse

Wiedereröffnung der Wartburg

Während der DDR-Zeit fanden regelmäßig, meist anlassbezogen, Restaurierungsmaßnahmen an der Wartburg statt. Nachdem Anfang der 80er-Jahre größere Rekonstruktionen abgeschlossen worden waren, wurde die Wartburg am 21. April 1983 feierlich wiedereröffnet. Zu diesem Anlass besuchte Erich Honecker mit einer Vielzahl von Amtsinhabern und Funktionären (u. a. Erich Mielke und Landesbischof Werner Leich) die Burg. Begrüßt wurden sie von zahllosen Anwesenden und mehreren Musikchören.

Auch wenn die Veranstaltung einen starken Inszenierungscharakter besaß, verdeutlichte sie die Wichtigkeit der Wartburg, deren kulturelles Erbe bedeutender als jede politische Vorgabe ist.

Städtepartnerschaft mit Marburg

Im Jahr 1986 reifte in Marburg die Idee, eine Städtepartnerschaft mit Eisenach anzustreben. Immerhin verbindet die Heilige Elisabeth die beiden Städte. Das Vorhaben war wegen der Teilung Deutschlands mit einigem Hin und Her verbunden. Letztendlich siegten aber die historischen Gemeinsamkeiten und das Projekt konnte umgesetzt werden.

Am 10. Juni 1988 wurde die Städtepartnerschaft feierlich besiegelt. Selbstverständlich gab es hierfür keinen passenderen Ort als den Festsaal der Wartburg. Es blieb eine der wenigen deutsch-deutschen Städtepartnerschaften vor der Wiedervereinigung.

STÄDTEPARTNERSCHAFT
MARBURG
EISENACH
1988

Hochwasser

Ein Hochwasser ist in einer Stadt an einem Fluss nichts Ungewöhnliches. Auch Eisenach hatte regelmäßig mit den Kräften der Natur zu kämpfen. Wegen der dichten Besiedlung entlang der Hörsel sind die Risiken dort besonders hoch. 1981 trat die Hörsel über die Ufer und überschwemmte Teile des Stadtgebiets.

Vor allem der gesamte Bereich des Palmentals, wo sich die Berufsschule des Automobilwerks befand, war betroffen. Die entstandenen Schäden an der Schule und der abgebildeten Turnhalle der Berufsschule (Foto rechts) waren enorm.

71
59

Rallye Wartburg

Die lange Automobilbautradition schuf in Eisenach ein natürliches Interesse am Motorsport. Ab den 50er-Jahren fuhr das Rallyeteam des AWE bei zahlreichen Rennsportveranstaltungen in unterschiedlichsten Ländern mit und konnte dabei einige Erfolge erzielen. Mit der Internationalen Rallye Wartburg hatte man zudem ein eigenes Rennen vor der Haustür. Die Bilder stammen von der 17. Auflage der Rallye im Jahr 1984.

Autobahn 4

Zwischen 1980 und 1984 wurde die Autobahnverbindung zwischen Eisenach-West und dem Grenzübergang bei Wartha als gemeinsames Projekt der DDR und der BRD ausgebaut. Symbolisch wurde auf diese Art ein wenig Wiedervereinigung gelebt, auch wenn der Ausbau in den lokalen Medien kaum Beachtung fand. Die Autobahn 4 entwickelte sich in der Folgezeit zu einer enorm wichtigen Transitstrecke.

Eisenach hatte wegen der hohen Luftverschmutzung seinen Status als staatlich anerkannter Erholungsort verloren. Die Demonstration fand vor der Baulücke des ehemaligen Hotels Zimmermann statt.

Die Wende

Die Demonstrationen 1989 machten auch vor der Wartburgstadt nicht halt. Zahlreiche Einwohner brachten ihre Unzufriedenheit mit dem System und dem Zustand der Stadt zum Ausdruck. Teilweise wurden über 8000 Teilnehmer gezählt. Die Demonstrationen verliefen stets friedlich.

Weitere Bücher über die Region

Eisenach
Gestern / Heute
Christopher Launert (Autor),
Inka Lotz (Fotografin)
72 Seiten, zahlr. Farb- und S/w-Fotos
ISBN 978-3-8313-3376-9

Dunkle Geschichten aus Thüringen
SCHÖN & SCHAURIG
Sieglinde Moertel
80 Seiten, schw./w. Fotos
ISBN 978-3-8313-3268-7

Starke Frauen aus Thüringen
Kerstin Klare
96 Seiten, zahlr. Farbfotos
ISBN 978-3-8313-3250-2

Thüringen – Geschichten und Anekdoten
Das fetzt ja rischtsch!
Alice Frontzek
80 Seiten, schw./w. Fotos
ISBN 978-3-8313-3570-1

Wartberg-Verlag GmbH
Im Wiesental 1 | 34281 Gudensberg
www.wartberg-verlag.de

Bücher für Deutschlands Städte und Regionen
Tel. 0 56 03-93 05 0
Fax 0 56 03-93 05 28